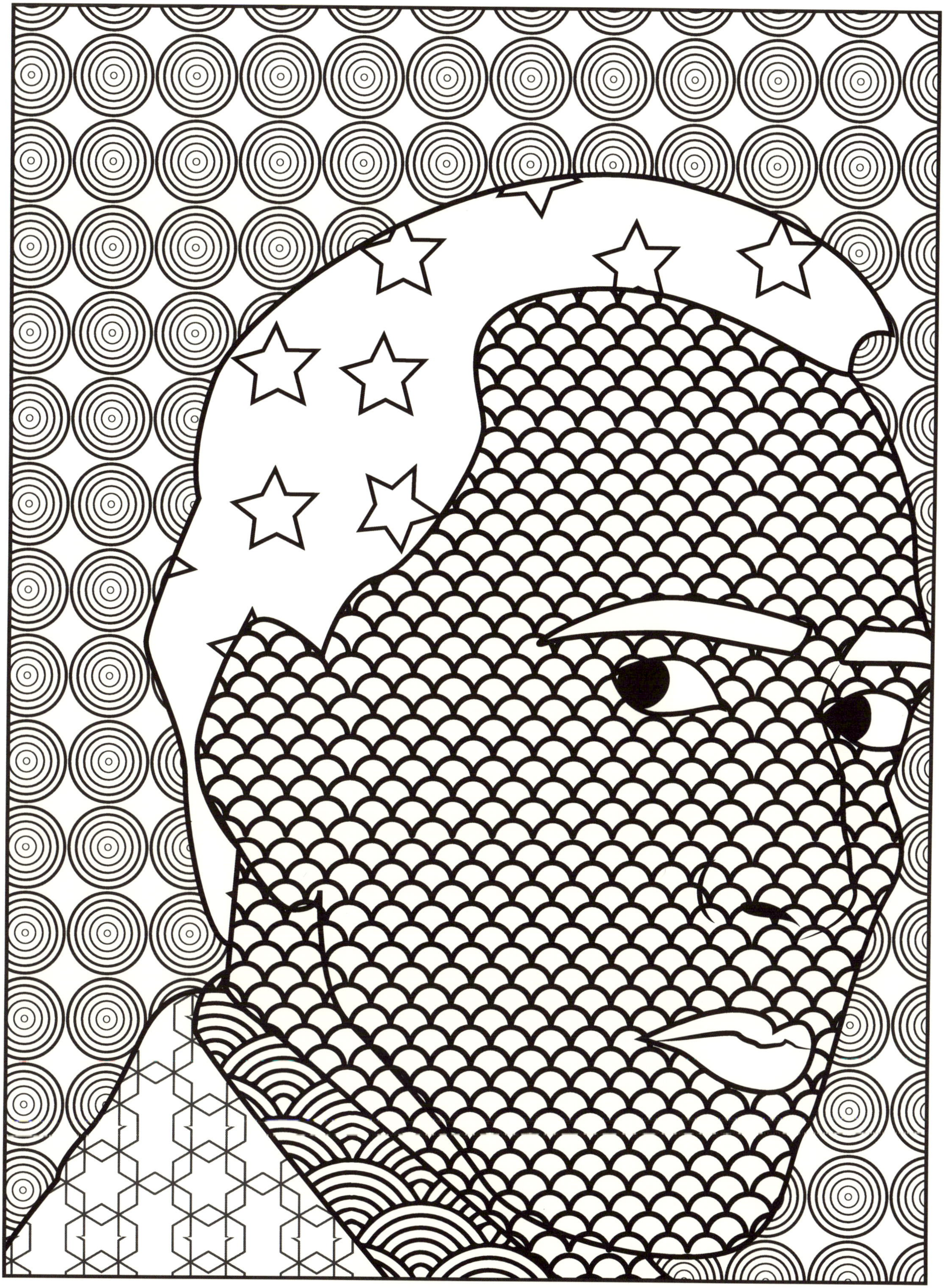

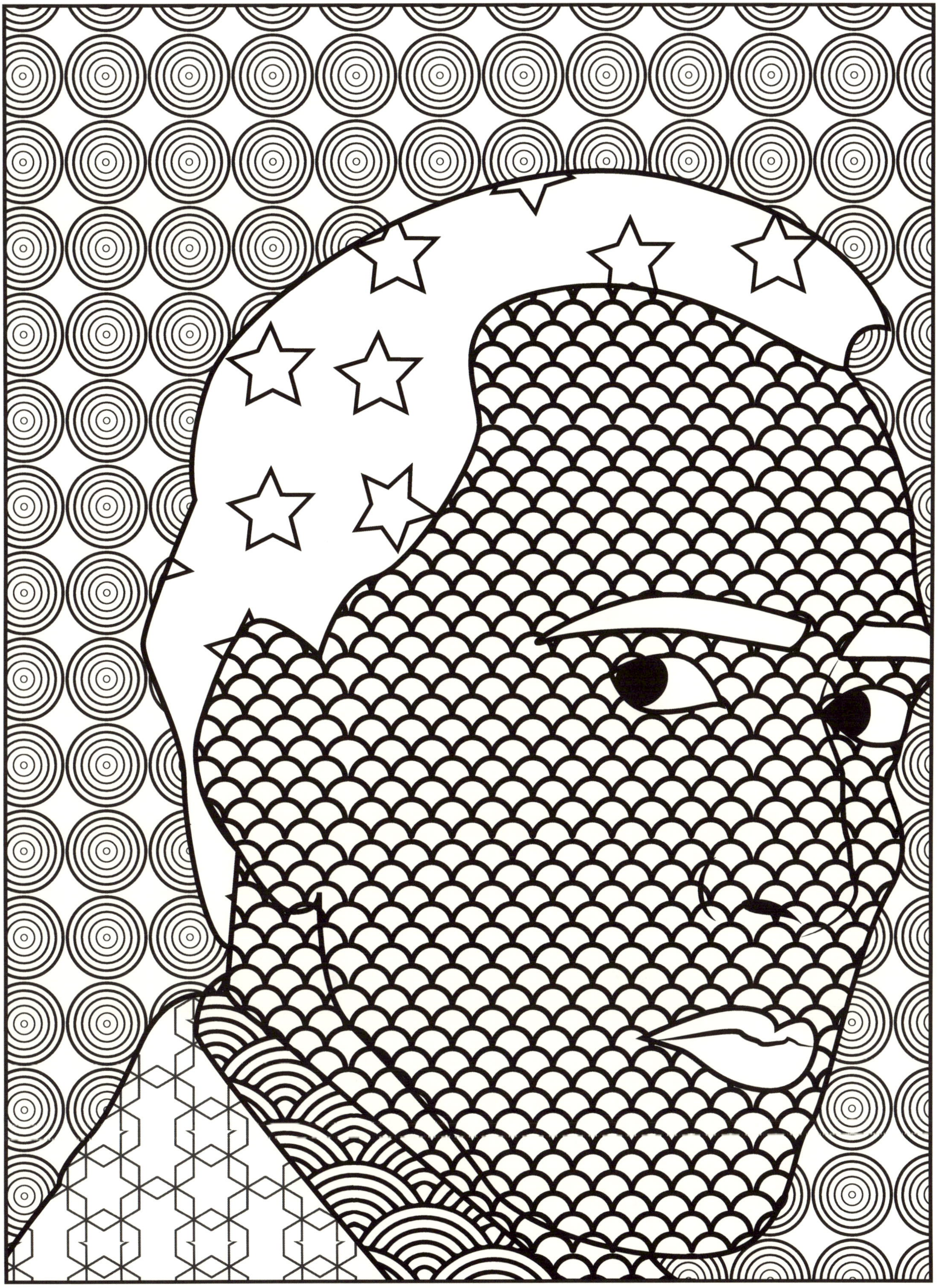

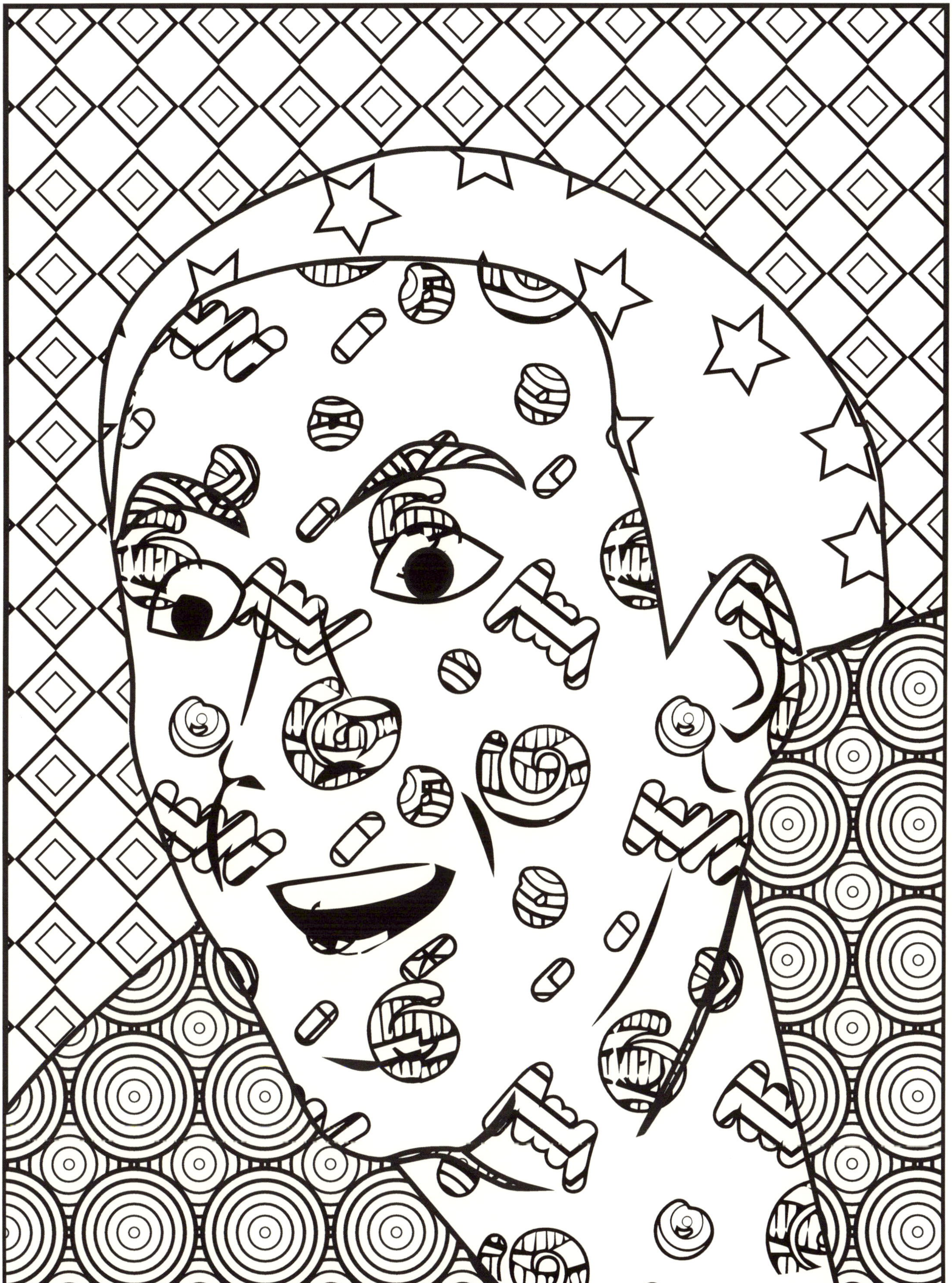

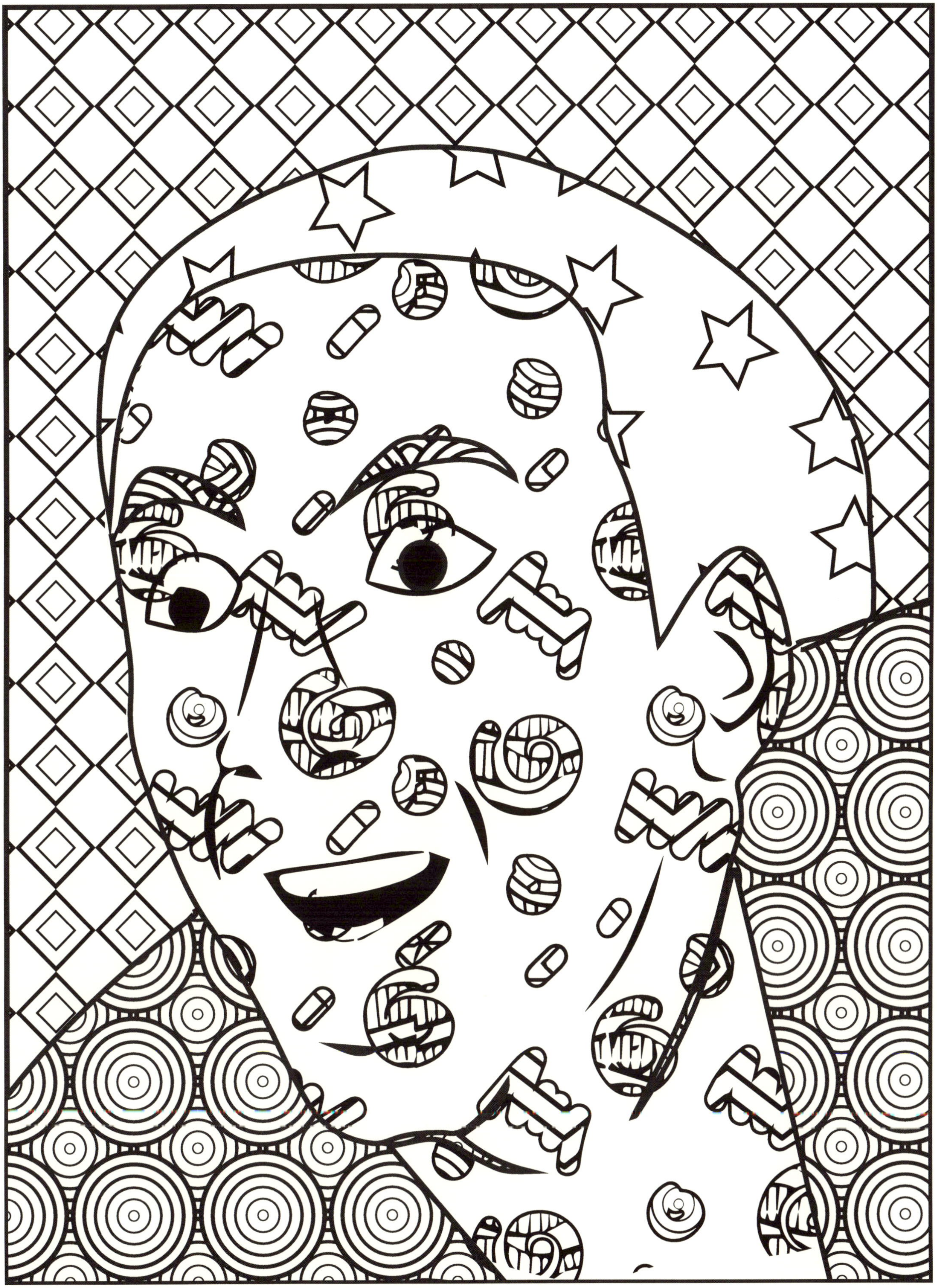

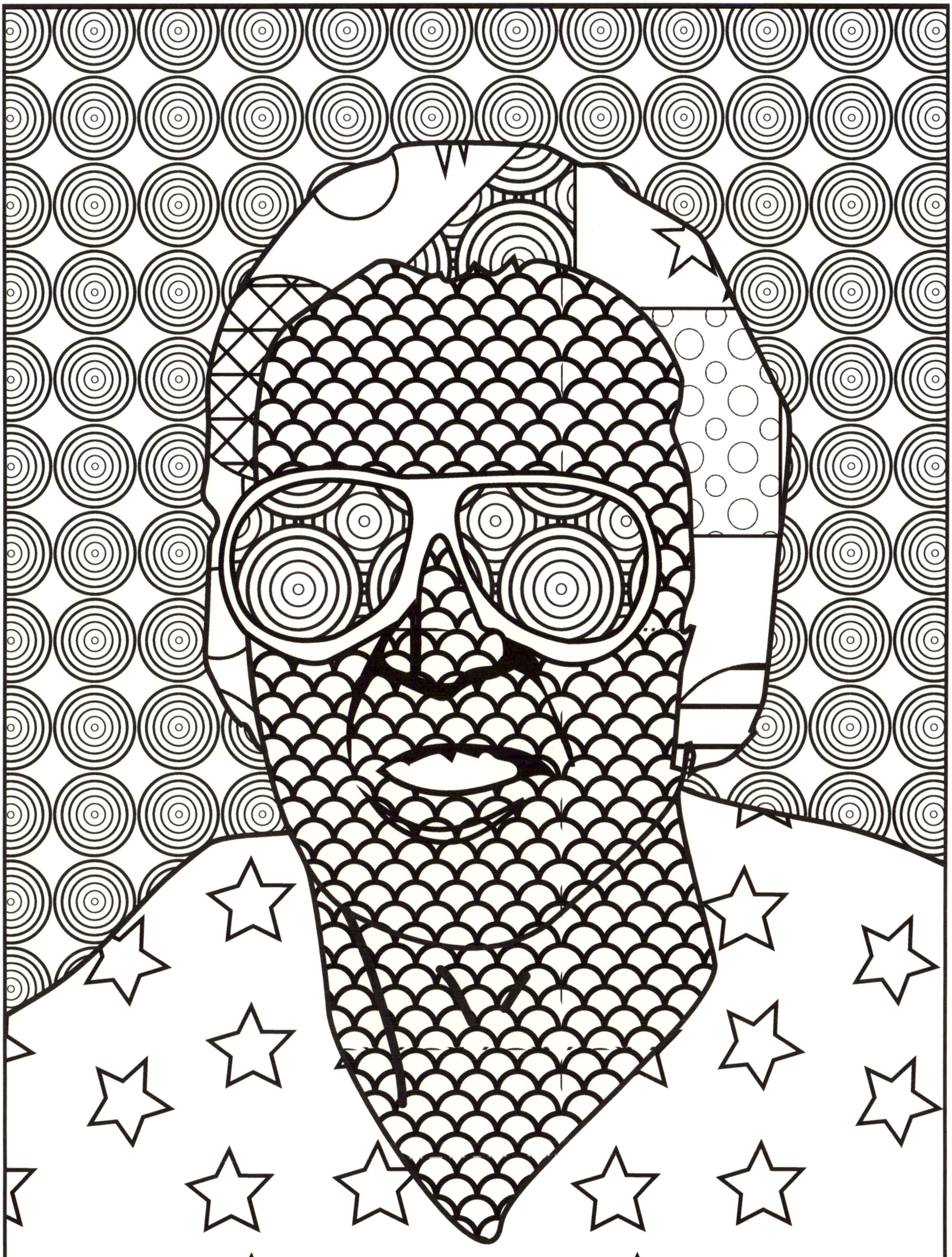

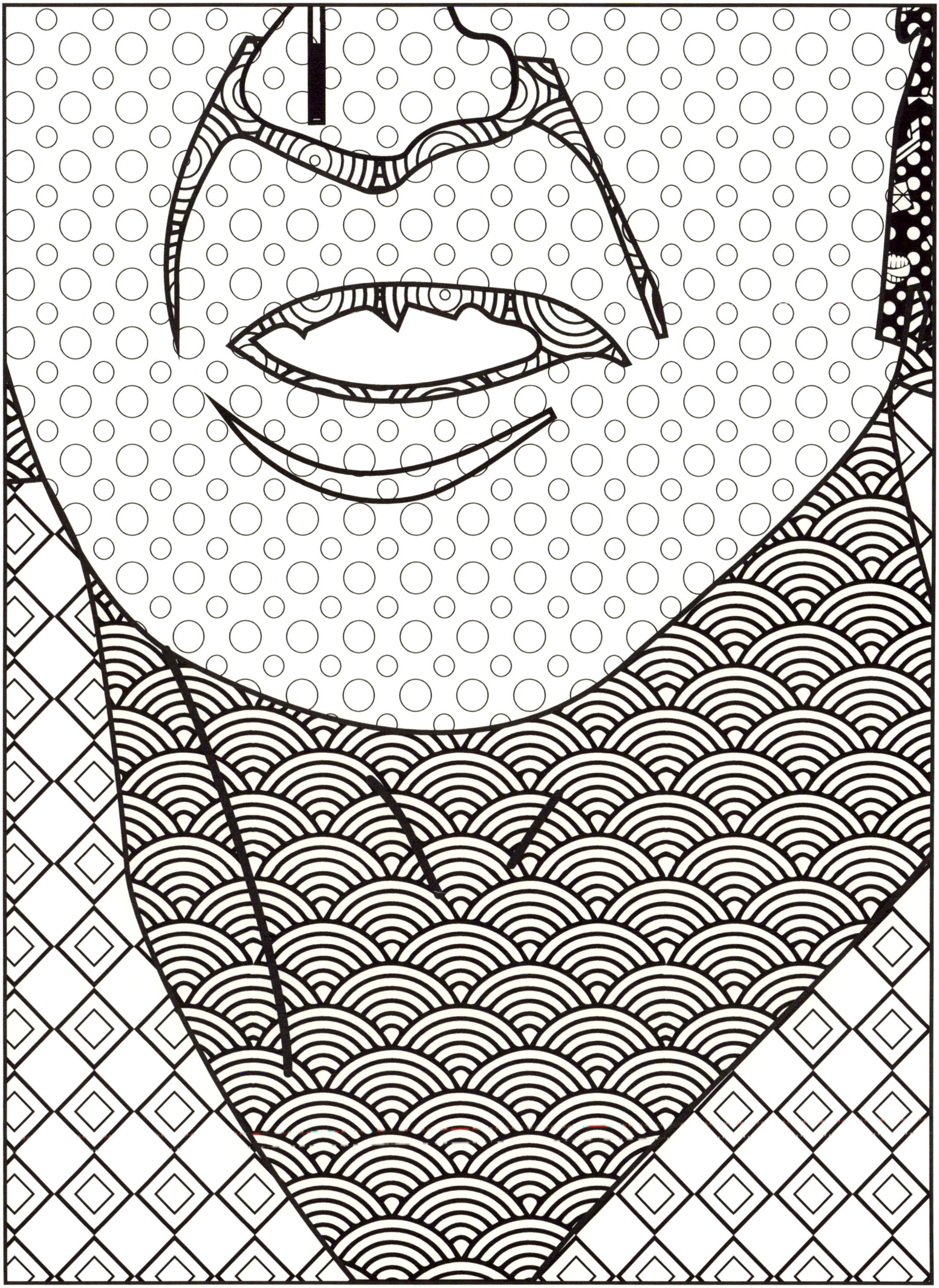

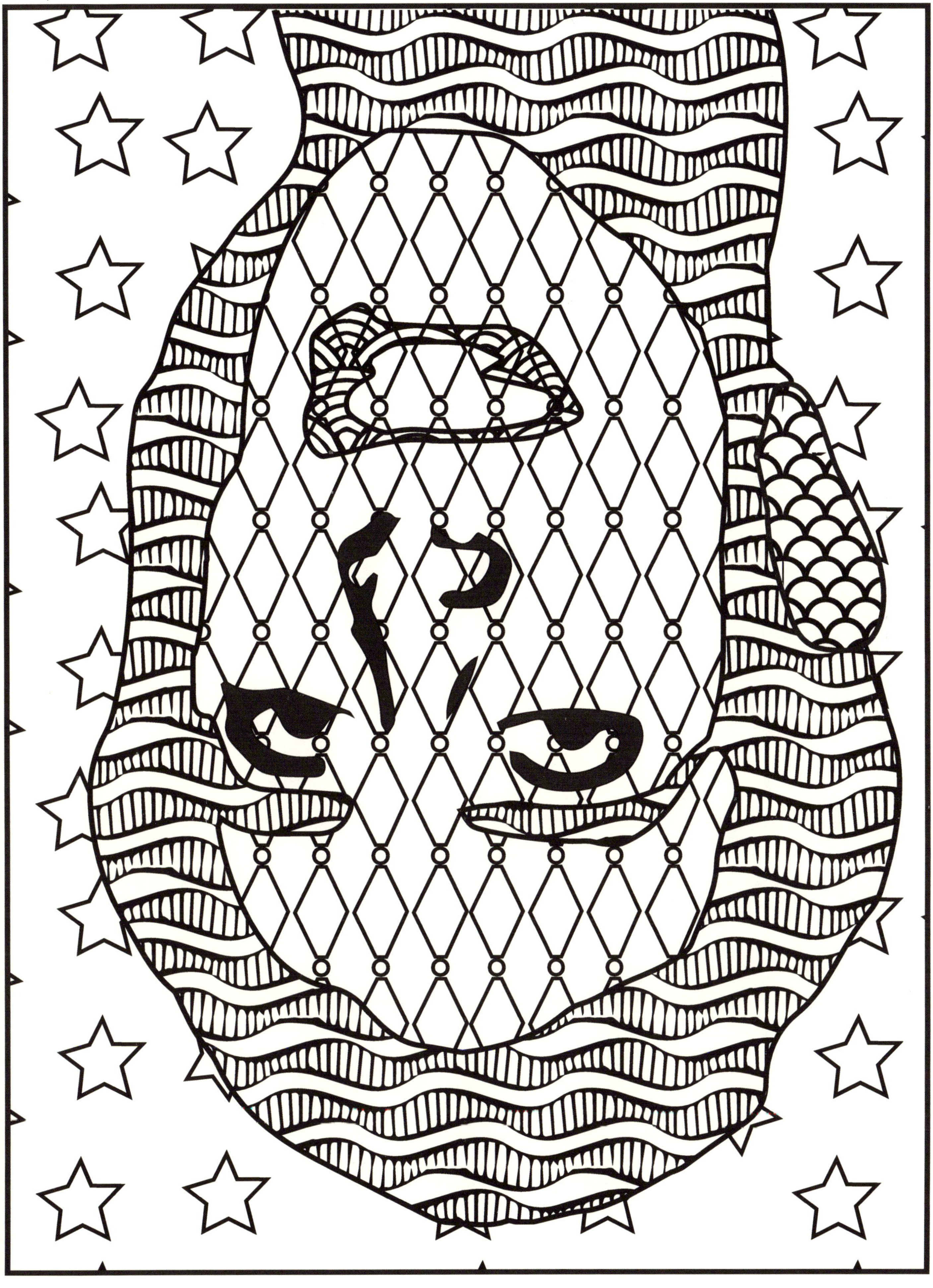

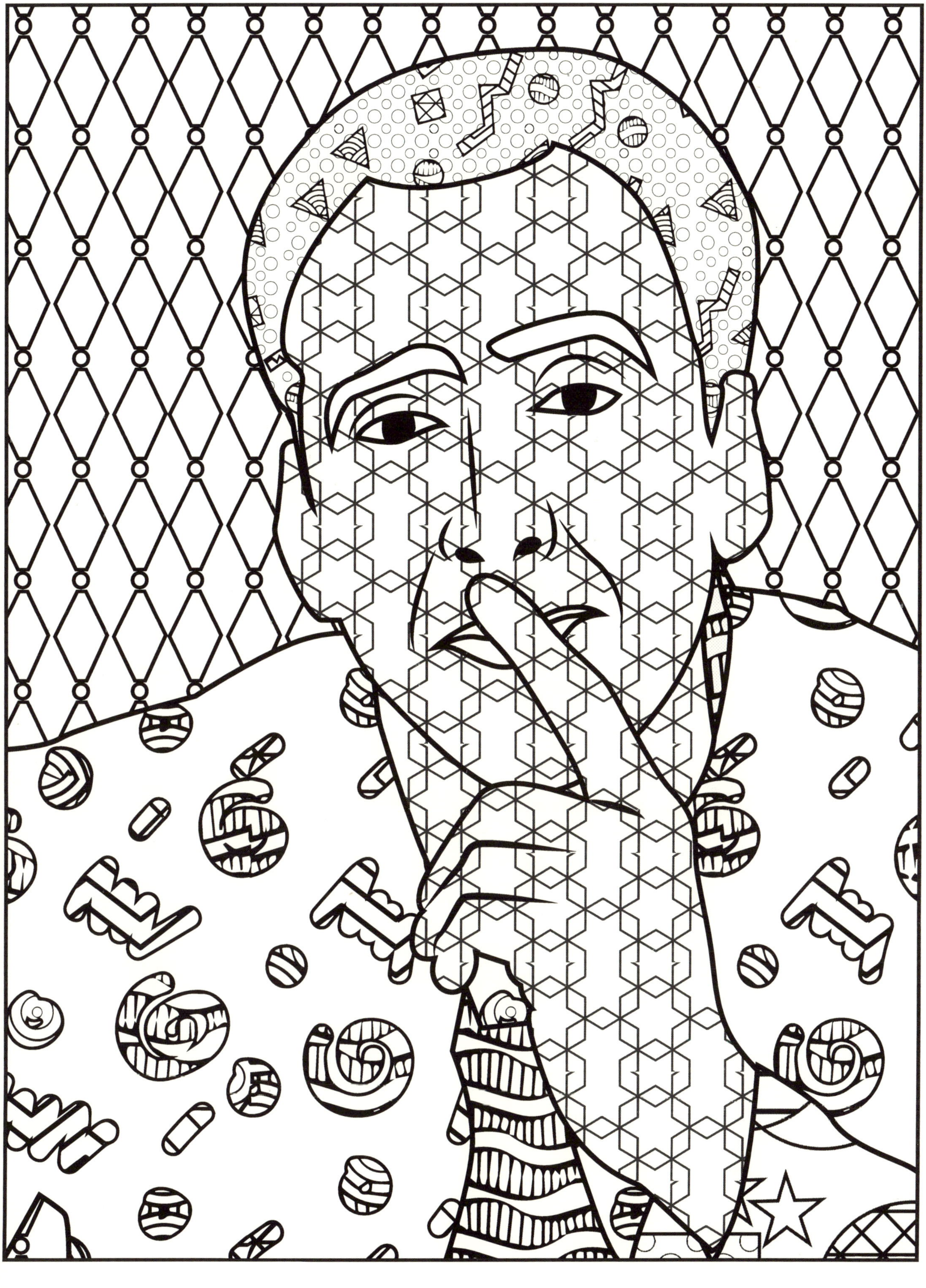

CAGE
CAGE

CAGE
CAGE

Made in the USA
Las Vegas, NV
18 December 2020

14109114R00037